Alfieri
1806.

ALFIERI
AUX CHAMPS ÉLISÉES

REPRÉSENTÉ POUR LA PREMIÈRE FOIS

LE 14 FÉVRIER 1806 ET JOURS SUIVANS

PAR LES ARTISTES FRANÇAIS

DU THÉATRE CARIGNAN

DÉDIÉ

A M.' LE GÉNÉRAL MENOU

PAR M.' AMÉDÉE JULIEN

ANCIEN CAPITAINE DE DRAGONS.

TURIN, 1806.

DE L'IMPRIMERIE DE JEAN GIOSSI.

A MONSIEUR
LE GÉNÉRAL MENOU
COMMANDANT GÉNÉRAL
DES DÉPARTEMENS AU-DELA DES ALPES,

FAISANT FONCTIONS

DE GOUVERNEUR GÉNÉRAL,

GRAND OFFICIER

DE LA LÉGION D'HONNEUR

ET MEMBRE

DE L'ACADÉMIE DE TURIN.

---

*S*ous mon casque jadis une muse timide
Dérobait mes loisirs à l'école d'Alcide ;
Et caressant mes goûts sous un maintien flatteur
Ennivrait mon esprit d'un charme séducteur.
Loin du camp quelques fois près d'un riant bocage
J'essayai des bergers le modeste langage,
Et modulant mes tons au concert des amants

Je traçai de leurs jeux les plaisirs innocents;
D'autres fois enfoncé sous l'épaisse verdure
Je méditais en paix les lois de la nature:
Tantôt d'un bon ami j'amusais les loisirs,
Souvent au Dieu d'amour j'adressai mes désirs...
Mais jusques à ce jour ma voix faible et craintive
Au sein de l'amitié restait encor captive;
Du critique méchant je craignais un affront,
Et les soucis malins imprimés sur son front
Quand méprisant ses traits autant que sa morsure
En faveur des Français (1) *je bravai la censure.*
Helas! depuis trois mois tristes et languissants
Ils perdaient leurs moyens en efforts impuissants
Il fallait dans le sein de leur troupe imprudente (2)
Ramener promptement la foule trop constante (3)
Dans huit jours il fallait d'un spectacle nouveau
Savoir les résultats au parterre, au bureau;
Le sujet en est pris aux fastes de l'histoire,
Mais la pièce est encor au fond de l'écritoire.
Cependant le jour vient, et l'ouvrage entrepris
Par l'artiste indolent à peine était appris.
La Salle se remplit, et le Public d'avance
Applaudit à l'Auteur, voilà sa récompense....
Vous qui des bords du Nil aux rivages du Pô
Du souverain des Rois redevintes l'écho,
Qui sans cesse occupé de l'amour de sa gloire
L'aidates à monter au char de la victoire,

Vous, de ses volontés l'interprète prudent,
De ses vastes desseins le sage confident,
Dont l'esprit, les moyens, l'intègre surveillance
Commandent le devoir, l'amour, l'obéissance.
Vous enfin, que l'on voit avec tant d'agrément
De nos cercles choisis faire tout l'ornement;
De ce faible travail en agréant l'hommage
Il vous plût me donner un bien doux témoignage,
De vos bontés pour moi, de votre affection.
Oh! combien m'honora votre protection!
A mes vers (4) *mal tissus elle assure un asile,*
Comme elle offre à mes vœux l'occasion facile
De publier partout les divers sentimens
Qu'inspirent à mon cœur vos vertus, vos talens.
A mes premiers essais accordez un sourire,
Je suis récompensé, si vous daignez les lire.

AMEDÉE JULIEN.

NOTES.

(1) *Les Artistes Français du Théâtre Carignan.*

(2) *Il y a eu sans doute beaucoup d'imprudence à cette Troupe d'être venue dans un moment où les Théâtres Italiens étaient en pleine activité.*

(3) *Il faut en effet être doué d'une rare constance pour suivre pendant quarante jours à-peu-près le même spectacle; mais ce n'est point le spectacle qu'on recherche dans les Théâtres d'Italie; c'est la conversation; et les Habitans de ce pays n'aiment pas plus la Comédie Italienne que la Comédie Française. Il n'est point du bon ton d'écouter des leçons de morale, et l'attention réflechie qui sert au délassement de l'esprit, devient un martyre pour la plûpart des Amateurs du Théâtre. C'est plutôt dans une petite loge que se traitent les affaires d'intérêt et de galanterie, qu'au boudoir, ou dans le cabinet.*

(4) *Au Lecteur.*
   Ami, faire des vers n'est pas chose facile,
   Et pour les faire bons c'est bien plus difficile;
   Cependant j'en ai fait, méchants sans contredit,
   Et j'ai dit dans mes vers ce que d'autres ont dit.
   Mais . . . . .

ACTEURS.

Pluton
Melpomène
Voltaire
Alfieri
Palmieri
Ombres

La scène est aux Champs Élisées.

ALFIERI
AUX CHAMPS ÉLISÉES (*).

ACTION THÉATRALE.

Le Théâtre offre aux regards des Spectateurs une vue des Champs Élisées.

SCÈNE PREMIÈRE.

Voltaire

Promenant et tenant en main un volume des œuvres d'ALFIERI; après un moment de lecture et comme pénétré d'un sentiment d'admiration, il dit :

Heureux ALFIERI! Tu jouis encore du fruit de tes travaux: si tu es l'honneur de ton pays, tu dois être bien dédommagé de tes fatigues et de tes veilles par l'amour de tes Concitoyens... Plus justes, moins inconstants que les habitans des bords de la Seine ceux des rives du Pô virent naître un grand homme et ne cherchèrent point à étouffer son talent au berceau. Ils le virent s'agrandir, s'élever au plus haut degré de gloire et n'en furent point jaloux.... *(avec véhémence et indignation)* Des hommes sans esprit et sans connaissances n'eurent pas l'audace de t'attribuer leurs méchantes productions pour te faire proscrire, enfermer dans un cachot obscur... (1) De vils imposteurs n'abusèrent point de la confiance d'un Prince généreux et débonnaire pour te calomnier et te perdre.... Sans doute il n'est point de frelons (2) dans ton pays, et l'habeille industrieuse y peut en paix cueillir les trésors de la nature pour les prodiguer à son tour à l'homme qui sçut entourer sa ruche de plantes odoriférantes.... *(d'un ton calme)* Trésor précieux qu'apporta dans ce séjour un ami de ta patrie, un de tes compatriotes.... Depuis bien long-tems je n'avais lu un aussi bel ouvrage que ta Mérope (3)... Mérope!... Combien de veilles, de soins et de travail elle m'a couté lorsqu'à l'exemple de l'illustre Maffei je voulus peindre aux Français les infortunes de la reine de Messene, le noble courage de son fils Egiste.... J'avais, peut-être, égalé le chantre Véronais; ALFIERI: tu voulûs nous apprendre à tous deux qu'on pourrait encore mieux faire (4). Ha! Puisses-tu jouir long-tems de ta gloire!.... puissent les vivants ingrats et pervers apprendre que Voltaire partage avec eux l'étonnement et l'admiration dont tu les a pénétrés.... mais : que signifie cette foule d'ombres qui se précipite vers ces lieux : serait-il arrivé quelque habitant de la terre ?....

SCÈNE II.

PLUTON *(arrivant au milieu des ombres)* VOLTAIRE.

PLUTON

Aimables habitans de ces lieux enchantés : depuis long-tems je ne m'étais trouvé au milieu de vous. Trop occupé du terrible devoir de juger les morts ; j'ai depuis long-tems l'âme attristée des arrêts que je fus contraint de rendre; les crimes des hommes augmentent avec leur nombre: il n'est que perfidies sur la terre, intérêt, dépravation: il n'est plus de frères, plus d'amis... (*à Voltaire*) Ha! Voltaire est-ce là le fruit de tes travaux.... n'as-tu donc éclairé les humains que pour les rendre plus méchants ?

Voltaire

Je n'avais pas écrit dans ce but, mais je m'aperçois que les lumières de la raison ont moins d'empire que les préjugés que je m'efforçai de détruire; j'en fus moi-même une victime, et les hommes me persécutèrent lorsque je voulus arracher la masque qui couvrait leurs perversités.

Pluton

Console-toi : il est ici bas une justice éternelle : tu as été bien vengé, car tu n'as plus revu tes ennemis.... cependant je commence à respirer, et je viens me délasser un instant au milieu de mon peuple chéri des vaines et inportunes réclamations des réprouvés. L'on m'annonce en ce jour un grand homme, j'espère le revoir dans ces lieux; car les humains sont devenus meilleurs depuis la dernière révolution qui s'est opérée chez les vivants.

Voltaire

Un grand homme.... ha! tant mieux.... il s'est écoulé bien du tems depuis que le sage Filangieri arriva parmi nous : mais....

PLUTON

Je vais bientôt satisfaire à ton impatience. mon Tribunal est assemblé pour examiner la conduite et les œuvres de ce nouveau venu.... adieu. (*il sort avec les ombres*)

SCÈNE III.

Voltaire seul.

Quel sera cet heureux mortel qui vient partager les félicités dont jouissent les habitans de ce sejour ?.... un grand homme, dit Pluton ! Serait-ce un émule d'Alexandre ? un nouveau conquérant de l'univers ?.... non le titre de grand homme ne peut être donné à celui qui ne fût que Guerrier. Un grand Capitaine, s'il n'est un Savant, un sage Politique, un Philosophe n'est point un grand homme.... on dit qu'il en est un (5) sur la terre, et celui-là les Dieux en auront soin pour le bonheur de ses semblables. Peut-être un disciple de Platon? encore un nouveau Philosophe dont les systêmes flatteurs à la lecture ne sont jamais suivis que des yeux; il en est par-tout de ceux-là, ce ne sont pas de grands hommes..... Sans doute quelque rival d'Homère, de Virgile, ou de Tasse, de Racine, ou de Despreaux! Si Rousseau n'était mort, il serait le seul que je puisse attendre de chez les Français.... Etranger, ou mon compatriote : qui que tu sois, mes désirs volent au devant de toi.... Alfieri : je reviens à toi, à ta Mérope, mon bonheur s'accroit lorsque je lis tes œuvres (*il s'en va tentement en lisant Alfieri*).

SCÈNE IV.

Melpomène

Vient à pas lents, une musique qui exprime la douleur l'a précédée. (en arrivant sur la scène elle jette ses attributs, le poignard, le sceptre, les couronnes).

Vains regrets il n'est plus.... jours de gloire et de triomphe, vous ne luirez plus pour moi... Alfieri, le trait, qui te ravit aux vivants, est plongé dans mon cœur... envain je cherche à l'arracher de mon sein.... infortunée je survis à ma douleur quand je déteste ce jour qui m'éclaire.... Soleil, dont les rayons s'obscursirent à la mort prématurée de mon Héros, pourquoi ton disque brillant ne s'est-il pas à jamais couvert d'un voile impénétrable ?.... de quel droit les Dieux m'ont-ils privé de l'œuvre de mes mains ?.... ô Jupiter mon père, pardonnez au désespoir de votre fille..... (*pause*) ALFIERI, tu es sans cesse présent à ma pensée, et dans ta chûte, je contemple avec effroi la perte irréparable que je viens de faire, ha! pourquoi un sort cruel m'empêche-t-il de rester à jamais dans ce séjour de délices unie à tes destinées?.... mais loin de toi je suis pour toujours condamnée à pleurer, et mes stériles larmes ne pourront servir à te rappeler à la vie. Fatale éternité.... ALFIERI qu'il m'eût été doux de mourir dans tes bras.... hélas que vais-je devenir, où chercher un consolateur?.... tout me fuit, tout m'abandonne: je ne trouve plus même dans ces lieux mes anciens disciples, mes favoris. Sophocle, Métastase, Corneille, Racine, Voltaire, ah! pourquoi ne répondez-vous pas aux accens de ma douleur?

SCÈNE V.

Melpomène, Voltaire.

Voltaire *(sans voir Melpomène)*

Quels accens de désespoir ont retenti dans ces lieux de paix éternelle .... mon nom a frapé mes oreilles : une voix qui ne m'est point inconnue l'a prononcé ... (*il aperçoit Melpomène*) Ha ! qui que vous soyez, vous me paraissez malheureuse, je partage vos douleurs : parlez ...

Melpomène

Ha ! Voltaire .... viens consoler la triste Melpomène... il n'est plus de bonheur pour elle.

Voltaire

Melpomène, se peut-il ! quoi vous auriez abandonné l'empire du monde ? ....

Melpomène

O toi, l'un des plus dignes soutiens de ma grandeur passée ; écoute Voltaire, et plains moi.

Tu le sais, je nacquis au sein de la Grèce où Thespis me reçut dans ses bras : j'étais encore au berceau lorsqu'Eschile m'acueillit et prit soin de mon enfance. Eleufis fut la première ville qui me vit paraître avec lui : il y commença ma renommée, j'y achevai sa gloire. Bientôt après Euripide s'empara de moi, et ceignit ma tête de guirlandes nouvelles. Je me plaisais avec lui, il était tendre, touchant, pathétique, il forma mon ton et mes gestes : je lui devais une partie de mes succès, lorsque Sophocle fit briller mes charmes d'un nouvel éclat et les orna de toute la pompe Athéniene..... ma démarche était trop fière et trop hardie; mes succès m'enorgueillirent, et je ne voyais plus après ce dernier un courtisan digne de mes faveurs. J'éprouvai des revers : la fortune me fut tour à tour et contraire et propice; enfin, lorsque la Grèce tomba sous le joug des Romains, elle entraîna dans sa ruine ma gloire et ma splendeur.... Cependant je trouvai des émules dans ma nouvelle patrie, et le chantre d'Ulisse me tira de l'oubli dans lequel je gémissais.... Je pris un nouvel essor, et fus également courtisée sur les bords de l'Adige, de la Tamise, et de la Seine. Corneille, Crebillon, Racine, et toi Voltaire, m'y fixèrent pendant bien long-tems; je me croyais encore au milieu des Athéniens, lorsque ta mort m'obligea d'abandonner ses rives chéries.

Voltaire

Je laissai après moi des hommes dignes de toi, et bien capables de me succéder.

Melpomène

Il en était, qui préférèrent endosser l'armure de Bellone, que de chausser mon cothurne ; je les abandonnai à leurs cruelles destinées.... j'errai long-tems, et ne trouvai par-tout que des adeptes sans force et sans courage. Je voulus revoir le beau ciel d'Italie ; j'y trouvai de nouveaux amants, et j'allais bientôt faire un choix parmi eux, lorsqu'un pays enchanteur, et qui m'était inconnu s'offrit à mes regards.... je me trouvai sur les bords de l'Éridan ; je parcourus le fertile Piémont avec autant d'intérêt que de curiosité, à chaque pas j'étais arrêtée par quelque sujet digne de mon attention. Ici les Sciences et les Arts, là Apollon et Clio, Euterpe, Uranie et Mars ont en tous lieux des temples et des autels. Par-tout je vis de braves Guerriers (6), de sages Magistrats (7), de savants

Jurisconsultes (8), des Philosophes honorés, des Poëtes, et des Litérateurs estimables, des Peintres et des Musiciens dignes de toute leur renommée (9). ... mais quelle fut ma joie et mon étonnement, lorsqu'arrivant dans l'antique Cité (10), j'y connus Alfieri.... Alfieri! ha pardonne, ingénieux Voltaire, si devant toi je laisse éclater les transports qui m'animent à son souvenir....

Voltaire

Intéressante Melpomène, vous ne sauriez croire combien ce nom m'est cher. Alfieri n'est point mon rival, je suis son admirateur.

Melpomène

Souvenir plein de charme et d'amertume.... je trouvai chez lui un style nouveau, majestueux et puissant : il sçut reveiller l'âme par les grands coups de l'art, exciter le génie, et corriger le cœur ; il voulut inspirer aux hommes une noble émulation fondée sur la vertu, jamais avant lui les héros n'avaient parlé avec autant de force et de fierté ... enfin son langage était sublime... j'oubliai près de lui mes anciens favoris, et dans mon délire je demandais en sa faveur l'immortalité.... Les Dieux furent sans doute jaloux de ma gloire, et de mon bonheur, ou peut-être se crurent-ils offensés de mes vœux indiscrets, et la parque inflexible et cruelle trancha le fil de ses belles destinées.... Plains-moi, Voltaire :

Voltaire

He! qui ne serait touché de vos justes regrets. Je les partage plus que tout autre, parce que je sens tout le prix de votre perte: sans doute il vous sera difficile de remplacer l'auteur de Mérope, le bouillant philosophe qui écrivit avec autant d'esprit que de courage.... Mais dans ce pays fécond en Savants n'avez-vous plus d'espoir de trouver un émule de ce grand homme? Sans doute ses succès auront fait naître une noble émulation parmi ses concitoyens, ils ne voudront point perdre l'empire de la tragédie que leur acquit et les talens, et les travaux d'Alfieri.

Melpomène

Il est vrai; dans ma douleur profonde je n'ai vu que ma perte, et n'ai point songé à la réparer. Je le sais, il est en ce moment un ancien compatriote d'Alfieri, qui cultive les

Lettres, et caresse les Muses, cet aimable Poëte (11) philosophe et diplomate qui représente en ce jour l'heureuse Italie sur les bords de l'Éridan est digne de mes faveurs, je le sais : mais je sens qu'il est maintenant plus aisé de m'entraîner, que de me séduire.

Voltaire

Melpomène, la douleur vous égare : retournez aux nobles sentimens qui toujours vous animèrent, soyez enfin digne de vous-même : quel est votre dessein ?

Melpomène

De prier le maître des Dieux de me laisser parmi vous dans ce séjour de bonheur à côté de mon Alfieri.

Voltaire

Il n'exaucera point vos vœux ; votre thrône est sur la terre. C'est là qu'il faut régner pour dévoiler les crimes des tyrans, assurer le triomphe de la vertu et de l'innocence.... C'est à votre école que les héros doivent apprendre à mettre un frein à leur aveugle ambition : que les Rois apprennent à devenir meilleurs à gouverner pour le bonheur de tous, et non pour l'intérêt de quelques-uns; que les favoris adulateurs parlent le langage qui convient aux confidents des Princes ; que les Ministres des autels ne font parler les Dieux que pour contenir les peuples dans les bornes du devoir et de la soumission, et non pour exercer des vengeances; que l'amour délicat et noble peint tour à tour ses délices et ses fureurs. C'est enfin dans votre sein que tous les hommes puisent des leçons de conduite, de sagesse, et de morale, non: les Dieux ne permettront point que vous priviez les humains de votre auguste présence.

MELPOMÈNE

Destin cruel..... sans lui que devenir ? à quoi dois-je me résoudre ?

VOLTAIRE

Placer la couronne immortelle sur la tête d'ALFIERI, et retourner aux lieux témoins de votre gloire, n'en doutez point, vous y serez de nouveau accueillie avec transport.

Melpomène

C'en est fait, Voltaire, je cède à tes désirs; et comment pourrais-je résister aux pressantes sollicitations d'un amant aussi chéri que tu le fus ! Ha je sens renaître tout l'empire que tu exerças sur moi.... mais Alfieri ne vient pas ; pourquoi Minos le retient-il aussi long-tems ?.... oserait-il....

Voltaire

Banissez toute crainte, Pluton m'a parlé n'aguère d'un grand homme, il m'a promis de l'envoyer bientôt dans ce séjour pour satisfaire à mon impatience de le connaître, nous verons bientôt paraître Alfieri.

Melpomène

J'en accepte l'augure. Je sens à son approche mon âme s'agrandir et s'éléver; mon espoir commence à renaître. Je vois à mes regards s'ouvrir le temple de la gloire ; j'ai sçu au travers des routes difficiles qui y conduisent placer le buste de mon héros, il est couronné, et je suis au comble de ma grandeur, *(on commence à entendre une mélodie douce et divine).*

Voltaire

J'entends des cris d'allegrèsse, Alfieri s'approche de nous. *(on entend derrière le théâtre les Ombres s'écrier* Alfieri, Alfieri *; on aperçoit dans le lointain* Alfieri *entouré des Ombres qui lui témoignent le plaisir qu'elles ont de le voir arriver parmi elles ; la mélodie continue jusqu'au moment où* Alfieri *commence à parler).*

SCÈNE VI.

Les Précédens, Alfieri, Ombres.

Alfieri *(aux Ombres qui l'entourent)*

Ombres chéries, dont je viens partager les félicités éternelles ; combien je suis sensible à l'accueil trop flatteur que je reçois de vous, aux témoignages de votre affection, j'ai cessé de regretter mes concitoyens, puisque je retrouve en vous leurs sentimens, et dans ces lieux l'image de ma patrie, mais.... (*il cherche des yeux parmi les Ombres, et aperçoit Voltaire*) Ha! Voltaire, c'est vous que je cherchais....

VOLTAIRE

Alfieri, recevez le tribut de mon admiration, et de Melpomène la récompense dûe à votre génie.

ALFIERI (*qui n'avait point aperçu la Déesse se précipite à ses pieds*)

Divine Melpomène, ha! souffrez qu'à vos pieds je vous offre l'hommage de ma reconnaissance.

MELPOMÈNE

Alfieri, relève-toi; je t'élévai à mon niveau; nous nous devons à tous deux des éloges, et non de la reconnaissance.

ALFIERI

Je m'étais fait une idée bien agréable des Champs Élisées, mais je n'avais pû me figurer le plaisir que j'éprouve d'y rencontrer à-la-fois Melpomène et Voltaire.

Voltaire

Et moi depuis long-tems mon bonheur s'est accru par la lecture de vos ouvrages; mais votre présence a fait naître chez moi un sentiment que je ne saurais exprimer.

Melpomène

Il n'égale point encore la satisfaction que je ressens de vous voir réunis en ces lieux.

Voltaire

Daignez, Alfieri, satisfaire à la curiosité qui me presse; que fait-on chez les vivants, les Sciences et les Arts ont-il fait des progrès? pardonnez à mon impatience.

Alfieri

Depuis votre mort il s'est opéré sur la terre d'étranges événemens: l'ingratitude de vos concitoyens se manifesta à votre égard d'une manière odieuse: votre mémoire fut outragée; l'on défendit d'annoncer votre mort: on voulut même priver votre famille du plaisir de vous élever un monument, et ce ne fut que lorsque les plus grands Souverains de ces temps, lorsque Cathérine et Frédéric eurent rendu à votre mémoire les témoignages les plus flatteurs, que les Français volages après douze ans d'incertitudes vous rendirent par une fête expiatoire les hommages les plus éclatans, c'était le triomphe de la Philosophie.

Voltaire

Ingrats, ils me flattaient avant ma mort...

Alfieri

Séduit moi-même par ce retour des hommes aux sentimens de justice et de vertu, entraîné par cet enthousiasme qui produisit les changemens (12) les plus étonnans et les plus mémorables du genre humain, je voulus aller vivre sur les bords de la Seine. J'y vis avec plaisir le berceau des Arts, et celui de tant de grands hommes, mais hélas..... l'illusion s'évanouit bientôt, et je fus forcé de me retirer dans ma patrie (13).

Melpomène

Quoi les Français violèrent envers toi les droits de l'hospitalité ....

Alfieri

Quelques intrigans me rendirent victime de mon dévouement, de mon admiration pour ce peuple; mais à Dieu ne plaise que je conserve pour lui le moindre ressentiment; non: il n'eut point livré aux flammes la bibliothèque d'un étranger, sacagé sa maison, si une main invisible et perfide n'eût conduit sa fureur... j'échappai avec peine à cet orage.... Les hommes à talens furent proscrits, les Arts s'exilèrent, et l'Europe entière devint en un moment un théâtre sanglant de carnage et d'horreur.

Voltaire

Dieux! était-ce au plus aimable peuple du monde à se souiller de tant de forfaits....

Alfieri

Il fut égaré par les enfans jaloux d'Albion,

ces ennemis de tout le genre humain... cependant un nouveau jour a lui sur notre patrie commune, puisque la France voulut associer la mienne à ses hautes destinées.

Voltaire

Quoi ! la France compterait au nombre de ses enfans vos illustres concitoyens.

Alfieri

Elle fit plus ; elle les appella aux emplois les plus distingués ; leur fit partager la gloire de ses armes ; les admit à son Conseil ; les plaça dans son Sénat, parmi ses Législateurs, au milieu de ses Savants ; les chargea de la représenter chez les peuples les plus éloignés ; confia à plusieurs des branches de l'Administration publique ; et réserve à tant d'autres l'honneur de la secourir dans ses pressants dangers.... les hommes à talent furent appelés de toutes parts pour concourir à rendre les Arts et les Sciences plus florissants. Ils trouvent dans le gouvernement, secours, protection et encouragement ; enfin nous avons vû revivre le siècle de Louis XIV, et tout cela est l'ouvrage d'un seul homme (14).

Melpomène

Honneur à qui fit renaître l'empire des Muses : celui-là peut compter sur la protection des Dieux, et la reconnaissance des hommes.

Alfieri

Tout laisse entrevoir à mes Compatriotes les plus douces espérances. Ils veront ces beaux jours éclairer ma patrie qui vera bientôt reparaître Cérés, la mère et la reine des Arts, et à sa suite l'abondance et la paix. La fraude cessera, les hameaux seront soulagés du poids qui les accable, et l'heureuse famille Piémontaise n'aura sans-doute plus à regretter les Princes qui avaient dès long-tems assuré son bonheur par leurs constitutions immortelles (15).

Voltaire

Ha puissent ces belles idées se réaliser pour le bonheur des Subalpins ! Je les aime, puisque vous fûtes leur compatriote.

Melpomène

Alfieri: le destin et mes vœux t'ont conduit dans ces champs fortunés. Les Dieux ne permettent pas que j'y reste avec toi ; mais je retourne dans ta patrie, où j'espère cueillir de nouveaux lauriers ; j'y protegerai ceux qui suivront ton exemple, et qui marcheront sur tes pas, et pour les enflâmmer d'une noble émulation, il me suffira de leur dire: Souvenez-vous qu'Alfieri naquit au milieu de vous ; qu'il était votre concitoyen.

Alfieri

Vous y trouverez des appuis distingués, il est, il est déjà de nobles compagnons de mes travaux et de ma gloire.... il est surtout au nombre des célèbres Académiciens qui siègent dans la ville des Rois, une femme, l'honneur de son sexe, et l'exemple de toutes les vertus, qui marche d'un pas fier et majestueux dans la route difficile que vous avez tracée à ceux qui briguent vos suffrages, elle compte déjà quatre ouvrages parfaits, dont un seul lui assure une gloire éternelle ; la retenue de son sexe, la douceur de son caractère, sa modestie ne lui permirent pas jusqu'à ce jour d'abandonner ses œuvres aux désirs, à l'impatience, et aux éloges de ses concitoyens ; tour à tour elle parle le langage des bergers, et celui des héros, toujours ses écrits portent l'empreinte du vrai mérite et du génie. (*ALFIERI s'avance vers Melpomène qui allait elle-même prononcer le nom qui sort de sa bouche*) Oui Déodate (16) est bien digne de vous, j'ose dire même qu'elle est faite pour ajouter à votre gloire et à vos triomphes.

Melpomène

He bien ! Déodate sera désormais l'objet de tous mes soins. Je veux qu'elle consacre à l'honneur et à l'amour de sa patrie le fruit de ses travaux qu'elle apporte aux pieds de mon thrône, une portion des hommages rendus à son génie, et qu'elle me fasse non pas oublier, mais supporter la perte et l'absence d'Alfieri.

Voltaire

Qu'il est rare de trouver chez le beau sexe de l'esprit, et des connaissances sans prétention et sans orgueil, une femme savante et modeste, est le chef-d'œuvre de la nature.

Alfieri

En ce cas Déodate est l'ouvrage des Dieux (17).

SCÈNE VII.

Les Précédents, Pluton.

Pluton (*à Melpomène*)

Fille de Jupiter, la volonté des Dieux ne permet pas que tu restes plus long-tems dans le séjour des Ombres: ils ont appris ton affliction, et prennent part à tes chagrins; ils voulurent les adoucir en te laissant accompagner ton Alfieri dans ce séjour. Cependant ta présence est nécessaire sur la terre, et tu ne saurais demeurer plus long-tems dans le royaume des morts.... vas donner de grands exemples aux hommes, et dis leur qu'ici bas la vertu, le mérite sont récompensés; mais qu'on n'y pardonne point l'hypocrisie et l'ambition, l'orgueil, la soif des richesses, la dépravation des mœurs, la trahison, l'ingratitude; et ne cesse jamais de répéter aux Rois que les peines du tartare les attendent, non seulement pour les maux qu'ils auront fait, mais encore pour le bien qu'ils auraient dû faire.

Melpomène

Digne fils de Saturne, j'obéis à la volonté suprême des Dieux, et je retourne sur les rives fleuries du Pô, ce pays m'est bien cher, puisqu'il vit naître mon Alfieri. Je ne saurais l'abandonner.

Pluton

Un grand Peintre vient d'arriver de ces contrées, il erre déja dans les bocages enchantés.

Voltaire

Je n'aurais jamais pensé qu'un aussi petit état que le Piémont pût fournir autant de grands hommes, il faut que l'influence de son climat y soit bien propice aux sciences et aux arts.

Alfieri *(qui voit venir de loin Palmieri s'écrie avec enthousiasme)*

Ho ! C'est bien lui .... c'est bien notre Palmieri... son œil (18) cherche encore quelque point de vue.... Palmieri....

SCÈNE VIII.

Les Précédents, Palmieri.

Palmieri

Tout le monde m'appelle depuis que je suis arrivé dans ce nouveau séjour ; suis-je encore vivant?... serais-je encore dans ma patrie?... quelle est donc cette ombre qui vient de me nommer?

Alfieri

Palmieri, reconnais Alfieri ton compatriote.

Palmieri

O noble, et grand Alfieri, pardonnez, je ne vous avais pas reconnu. Mon œil affaibli par le travail, ne peut exactement distinguer les objets, cependant je dessinais encore aux derniers moments de ma vie (21), et l'habitude que j'en avais suppléait à une portion de ma vue. (*il s'approche d'Alfieri*) Mais quelle est cette Ombre qui est à vos côtés; il me semble avoir dessiné jadis cette figure.

Alfieri

C'est Voltaire, le favori des sœurs d'Apollon.

Palmieri (*à Voltaire*)

Aimable favori des Muses, daignez recevoir l'hommage d'un pauvre dessinateur.

Voltaire

Un peintre tel que Palmieri est fait pour le recevoir à son tour des habitans de ces lieux. J'admirai tes desseins sur la terre, je paye maintenant à leur auteur le tribut de mon admiration.

PALMIERI

Mon art est bien médiocre auprès de ceux que vous avez professés.

VOLTAIRE

Non : de tous les arts que l'homme a inventés il n'y en a point de plus admirable que la peinture.

PALMIERI

Dès ma plus tendre enfance j'eus pour elle un goût et une passion décidés. Ce fut au paysage que mon penchant me fixa. Dans mon ardeur à satisfaire mes désirs, je ne savais quelle route tenir, quand une voix secrète m'avertit qu'il n'est qu'un seul modèle, qu'un seul maître ; et je me mits à dessiner d'après nature. Je copiai les animaux, j'imitai des scènes naïves, des beautés pittoresques, enfin les charmes de la nature qui me touchaient le plus. Mais j'appris bientôt comme Gessner, que ce grand maître ne s'explique clairement qu'à ceux qui ont appris à l'entendre ; j'en revins à Berghems et a Wovermans, et bientôt je fits à la plume tout ce que ces grands maîtres exécutèrent avec le peinceau.

Alfieri

Dis plus, tu les surpassas par la richesse de tes compositions, et la variété de tes tableaux.

Voltaire

Ta plume avait toute l'exactitude, et la correction du burin le mieux exercé, tes desseins serviront à jamais de modèle à tous les artistes de la terre.

Palmieri

Ha! j'avoue qu'il m'a bien fâché de la quitter je commençais à y jouir des agrémens de la vie. après soixante ans de travaux, après avoir composé des milliers de desseins qui ornent maintenant les cabinets de tous les amateurs de l'Europe, je n'avais pu encore parvenir à me faire une petite fortune, lorsqu'un Gouvernement bienfaisant et protecteur des arts et des talens vint à mon secours, et m'assura par une récompense digne de sa munificence, un sort et une aisance honnêtes. J'étais heureux quand la mort est venue m'enlever à mes desseins, à ma famille, et à mon bien être, je n'ai pas joui long-tems des bienfaits du Gouvernement, mais ce n'est pas sa faute .... mon fils est digne de moi (20), je l'ai mis sous sa protection, puisse-t-il n'éprouver jamais les malheurs de son père (21) ! puisse-t-il en héritant de mon talent se rendre digne à son tour des récompenses accordées à ceux qui se distinguent dans leur art !

Melpomène

Tu n'as rien à regretter dans ces lieux, et au milieu de tes concitoyens, les Dieux prendront soin de ta famille, il est de l'honneur et de la reconnaissance de ton Gouvernement de ne pas l'abandonner.

Palmieri

Ah ! si le Chef de l'état daignait quelquefois honorer de sa présence notre belle patrie, il y ferait renaître l'espoir et l'industrie ; il écouterait lui-même les malheureux, les consolerait, car il est bon ; réprimerait les abus, car il est juste, encouragerait les talens, car lui-même cultive les sciences ; sans doute il le devrait pour dédommager le Piémont de tous les sacrifices qu'il a faits ; il y serait adoré.

Voltaire

Il le fera, si a l'exemple du grand Frédéric, il ne voit dans ses sujets que des enfans, du bonheur desquels il doit rendre compte à la Divinité; dans ses courtisans que des hommes intéressés à le tromper sur la véritable situation de ses peuples.

Alfieri

Ce n'est pas envain que le Chef des Français a pris pour modèle l'immortel Charle-magne, ce phénomène en politique; il est comme ce grand homme, philosophe, patriote et législateur, il veut le bonheur de tous, et les Français étonnés ont enfin compris qu'une classe de citoyens pouvait être heureuse sans opprimer les autres.

Pluton

Que ne puis-je, sages Philosophes, demeurer plus long-tems dans ce séjour de félicités, j'oublie auprès de vous les noirs soucis qui entourent mon thrône; un soin cruel me rappelle dans mon palais, les morts y attendent mon retour; et s'il est parmi eux encore quelques justes, je ne veux pas le priver plus long-tems du bonheur de se joindre à vous. Adieu... (*à Melpomène*) et toi, fille de Jupiter, songe aux glorieuses destinées qui t'attendent ; vas où la gloire t'appelle. (*il part*)

SCÈNE IX ET DERNIÈRE.

MELPOMÈNE, ALFIERI, VOLTAIRE, PALMIERI.

MELPOMÈNE

ALFIERI, l'instant approche, il faut nous séparer.

ALFIERI

Divine Melpomène, daignez apporter à ma patrie les vœux que je forme pour son bonheur, veuillez l'honorer de votre protection.

VOLTAIRE

Qu'il vous plaise aussi de jeter sur les bords de la Seine un regard favorable.

Melpomène

Vous futes tous les deux mes plus chers favoris, vos concitoyens auront également part à mes bienfaits....

(Voltaire et Alfieri suivis des Ombres accompagnent Melpomène auprès d'un nuage dans lequel elle monte.)

Approche Alfieri, et reçois de mes mains la couronne de l'immortalité.

(Melpomène couronne Alfieri ; (tableau) elle remonte dans les nues au son d'une mélodie douce et agréable.)

NOTES.

(*) Quelque personne m'ayant demandé pourquoi cette pièce n'avait pas été écrite en vers, comme le sujet paraissait l'exiger; je me crois en droit de leur observer, que la brieveté du tems ne m'a pas permis de le faire ; que le but principal de cet ouvrage ne devait pas être manqué, et son succès compromis par des vers faibles ou négligés ; qu'il était moins difficile de se rapprocher du langage ordinaire de deux hommes tels que Voltaire et Alfieri, que de les faire parler en vers. Cette entreprise chez un jeune Auteur pouvait sans l'offenser être taxée de témérité. J'avais besoin d'indulgence, je n'ai point voulu m'exposer à m'en rendre indigne.

(1) Tout le monde sait que Voltaire fut arrêté et mis à la Bastille : où il resta plus d'un an, parce qu'on lui avait attribué un petit poëme intitulé les *j'ai vu*, qui parut après la mort de Louis XIV.

(2) Cette phrase n'a pas besoin d'explication.

(3) J'entends de toutes parts crier au sacrilège, quoi ! Voltaire, dont l'esprit dominateur en tout genre, ne connaissait point de supériorité, admettrait une Mérope au-dessus de la sienne. Ce n'est point précisément ce que j'ai voulu faire dire à Voltaire; mais si la chose était vraie,

pourquoi n'en conviendrait-il pas, surtout aux champs élisées. Sans doute le comte ALFIERI n'aurait pas entrepris après Maffei et Voltaire de reproduire le sujet le plus tragique qui existe, s'il n'avait cru le faire avec quelque avantage. » L'auteur, dit ALFIERI lui-même, a dû nécessai-
» rement employer beaucoup plus d'art dans la conduite
» de cette tragédie, que dans celle de ses autres pièces. Il
» a toujours eu l'idée que s'il ne parvenait pas à faire
» mieux que ses prédécesseurs, c'est-à-dire à donner à cette
» tragédie plus de simplicité, de vraisemblance, et de
» chaleur, il ne pourrait manquer d'être à juste titre ac-
» cusé de témérité pour avoir entrepris une chose déja
» faite ». Un avantage réel, et qui ne saurait être oté à la Mérope d'ALFIERI, est cette belle et noble simplicité l'âme de ce sujet, et qu'on chercherait vainement ailleurs ; ce touchant, ce pathétique porté au sublime dans cette pièce lui en donne encore un qui ne peut être contesté. Une personne un peu habituée aux situations tragiques peut se dispenser de pleurer à la représentation de la Mérope française, une mère ne saurait étouffer ses larmes à la lecture de la 4.ᵉ Scène du 2.ᵉ Acte de la Mérope d'ALFIERI ; mais mon but n'est pas de faire la comparaison de ces deux ouvrages. Les juges de l'art, dit M. De-la-Harpe, s'accordent à regarder la Mérope de Voltaire comme l'ouvrage le plus fini qui soit sorti de ses mains ; ils ont sans doute raisons Je crois moi que la Mérope d'ALFIERI est le chef-d'œuvre de cet auteur.

(4) J'ai laissé dans cette phrase l'arrière pensée de Voltaire sur cette tragédie.

(5) Sous tous ces rapports le Héros qui tient dans ses mains les destinées de l'Europe entière est bien digne du titre de grand homme.

(6) Le militaire Piémontais est sans contredit un des plus dignes d'être associé à la valeur Française.

(7) De tous temps les hommes qui rendaient la justice en Piémont ont joui de la plus haute considération. De nos jours, les Présidens de nos Cours et de nos Tribunaux sont des hommes du plus grand mérite.

(8) Peu d'Universités fournissent autant d'Avocats célèbres que celle de Turin.

(9) Les artistes en ce genre se distinguent chez toutes les puissances étrangères, où leurs talens sont aussi aprécié et mieux récompensés que dans leur patrie.

(10) Asti.

(11) M. Bossi, auteur de plusieurs tragédies très-estimées, et du *Chevalier de la table ronde*, drame héroïque qui a eû à Turin et dans plusieurs villes d'Italie le succès le plus éclatant.

(12) Le Comte ALFIERI propagea il est vrai les principes révolutionnaires, mais il est absurde de dire, comme on l'a avancé, qu'il contribua beaucoup aux malheurs qu'éprouva la France dans ces tems d'orage; il n'était ni assez connu,

ni ses écrits assez répandus, pour croire qu'il ait à se reprocher d'avoir aidé les travers de certains hommes de la révolution.

(13) ALFIERI en quittant Paris se retira à Florence, où il gouta dans le sein de l'amitié le bonheur qu'il avait vainement cherché jusqu'alors. Il emporta au tombeau les regrets d'une femme illustre appellée jadis à de hautes destinées.

(14) Ce langage dans la bouche d'ALFIERI est l'expression de ses sentimens aux derniers moments de sa vie. Il paraîtra sans doute surprenant à ceux qui savent, qu'après les malheurs qu'ALFIERI avait essuyés en France, la vue d'un Français excitait sa mauvaise humeur au point qu'il se renfermait dans son cabinet pour se soustraire aux regards de ceux que la renommée de ce grand homme conduisait chez lui pour le voir. Il ne fallait rien moins que les faits éclatans du grand NAPOLÉON; sa conduite courageuse et savante à la tête du Gouvernement de la République, les espérances qu'il donnait pour l'avenir, et qu'il a depuis lors réalisées pour ramener ce Philosophe aux sentimens philantropiques, que son intérêt privé lui avait fait oublier.

Cette note me fournit l'occasion de répondre aux observations qu'un célèbre Jurisconsulte Napolitain eut la bonté de me faire le lendemain de la représentation de cette pièce: il était inutile je crois de donner au récit d'ALFIERI comme on l'aurait désiré, le ton et le style prophétique, puisque ce qu'il vient de dire venait de se passer peu de tems avant sa mort, et quoique le *genus respectabile vatum* soit au nombre des prophêtes, je n'ai pu sur ce point suivre les traces de Virgile au sixième livre de l'Eneïde; on voit plus bas que l'œuvre de NAPOLÉON n'était pas achevée, et c'est alors qu'ALFIERI prédit à ses concitoyens des jours encore plus sereins . . . . .

(15) Les constitutions du Piémont seront à jamais un monument de la sagesse du Législateur qui les dicta; comme le Code Napoléon est un monument de la gloire de ce Héros, et un gage de son amour pour les Français.

(16) Je prie le sage Calabrois, disciple de Filangieri, de me pardonner si je ne suis pas de son avis dans l'observation qu'il m'a faite, » qu'il convenait de taire le nom des personnes vivantes dont un auteur veut faire l'éloge, ou la censure etc. » Sans doute il n'eut pas convenu à Moliere de nommer les personnages qu'il mettait en scène, et tel que le parterre reconnaissait aux portraits de l'auteur, n'eut pas dit avec tout le monde, *castigat ridendo mores*, s'il avait eû l'imprudence de défigurer seulement son nom. Mais quand il s'agit de l'éloge d'une personne, dont le mérite est aussi généralement reconnu ; quand l'auteur a placé cet éloge dans la bouche d'un homme tel que le Comte ALFIERI qui parle dans un séjour où rien ne se déguise, surtout devant une Déesse; quand enfin il s'agit d'une femme que les ombres vivantes ont elles-mêmes nommée au premiers mots que prononce ALFIERI, je ne vois pas pourquoi ce nom ne sortirait pas aussi de la bouche de celui qui fait son éloge justement mérité, surtout quand c'est un motif de consolation qu'il offre à la

Déesse éplorée de la perte de son favori. Combien ce nom doit être cher à Melpomène, et combien de choses agréables n'aurais-je pas pû lui faire dire, si je n'avais craint d'affaiblir l'intérêt principal de l'action!

(17) Il n'y avait pas deux manières de faire l'éloge de cette Académicienne, je n'ai fait qu'emettre le sentiment de tous ceux qui la connaissent.

(18) Palmieri avait perdu un œil dans une maladie qu'il essuya à Paris.

(19) J'ai vu travailler Palmieri peu de tems avant sa mort, il n'y voyait presque plus; on était obligé de le conduire à sa table, où le nez sur le papier il dessinait encore une vache.

(20) Palmieri fils est un jeune homme rempli de dispositions; il dessine comme son père à la plume, mais dans un autre genre. Peut-être ses desseins sont-ils trop finis; ils n'imitent pas assez la gravure.

(21) Palmieri à l'exemple des grands artistes lutta presque toujours contre le besoin. Sa mort du Chevalier Bayard qui avait été faite pour deux écus de six francs, fut après avoir passé par plusieurs mains vendue six-cent francs.

www.ingramcontent.com/pod-product-compliance
Lightning Source LLC
LaVergne TN
LVHW022210080426
835511LV00008B/1690